Impressum
Verlag: BABADADA GmbH, Nedderfeld 112 , 22529 Hamburg
Geschäftsführer / Verlagsleitung: Harald Hof
Druck: Books on Demand GmbH, In de Tarpen 42, 22848 Norderstedt

Imprint
Publisher: BABADADA GmbH, Nedderfeld 112 , 22529 Hamburg, Germany
Managing Director / Publishing direction: Harald Hof
Print: Books on Demand GmbH, In de Tarpen 42, 22848 Norderstedt, Germany

škola
kool

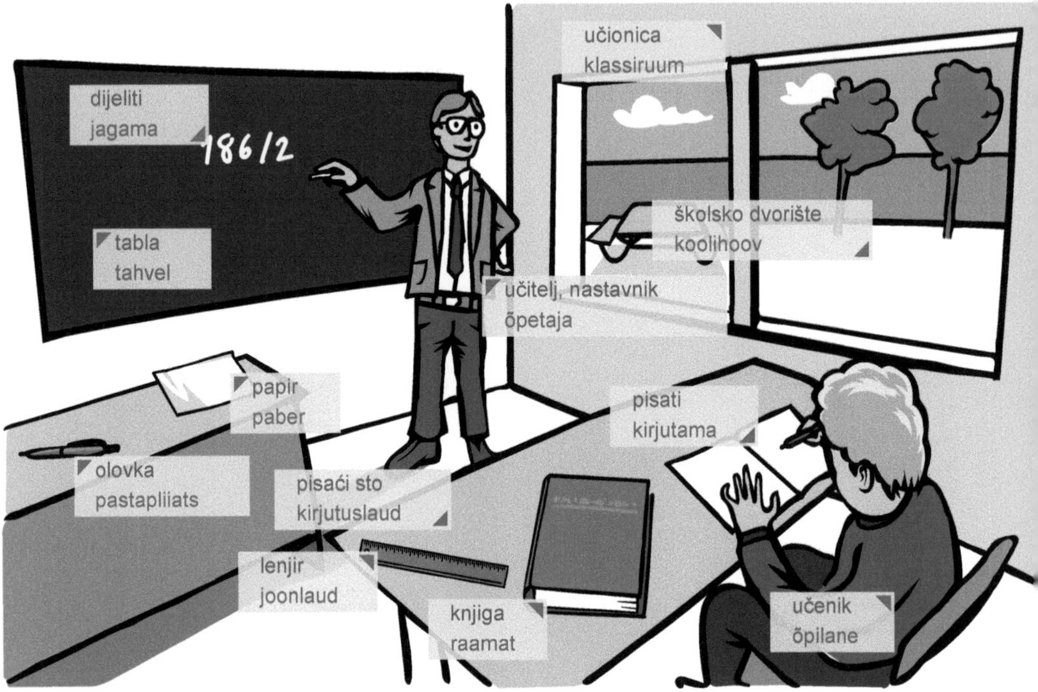

učionica
klassiruum
dijeliti
jagama
186/2
tabla
tahvel
školsko dvorište
koolihoov
učitelj, nastavnik
õpetaja
papir
paber
pisati
kirjutama
olovka
pastapliiats
pisaći sto
kirjutuslaud
lenjir
joonlaud
knjiga
raamat
učenik
õpilane

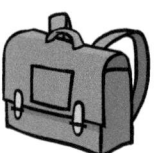

torba
koolikott

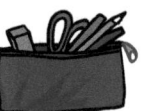

pernica
pinal

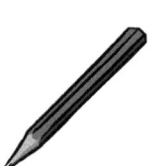

drvena olovka
harilik pliiats

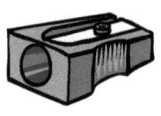

šiljalo za olovke
pliiatsiteritaja

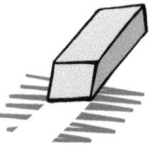

gumica
kustukumm

blok za crtanje
joonistusplokk

crtež
joonistus

kist
pintsel

kutija s bojama
värvikarp

makaze
käärid

ljepilo
liim

vježbanka
töövihik

domaća zadaća
kodutöö

broj
number

sabirati
liitma

oduzimati
lahutama

množiti
korrutama

računati
arvutama

slovo
täht

abeceda
tähestik

riječ
sõna

tekst
tekst

čitati
lugema

kreda
kriit

sat
koolitund

školski dnevnik
klassipäevik

ispit
eksam

svjedočanstvo
tunnistus

školska uniforma
koolivorm

izobrazba
haridus

leksikon
entsüklopeedia

univerzitet
ülikool

mikroskop
mikroskoop

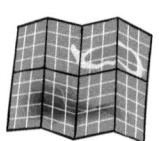

karta
kaart

korpa za papir
paberikorv

putovanje
reisimine

hotel
hotell
hostel
hostel
ROOMS
EXCHANGE
mjenjačnica
valuutavahetuspunkt
kofer
kohver
auto
auto

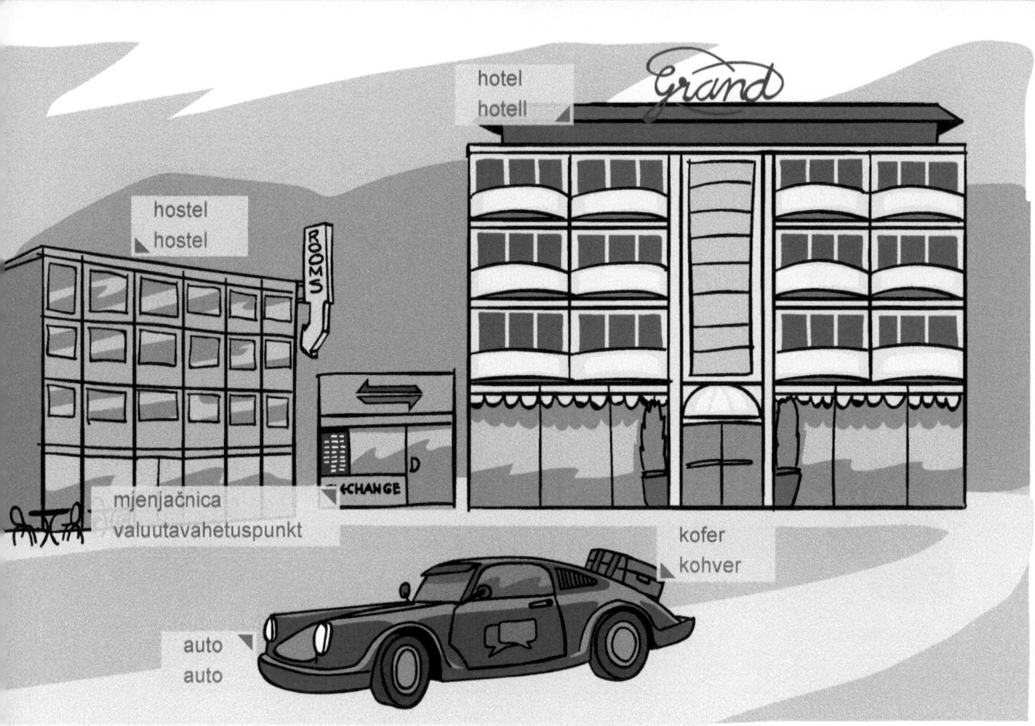

jezik

keel

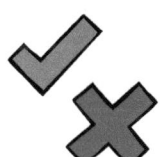

da / ne

jah / ei

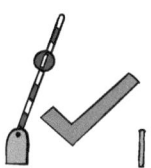

okej

okei

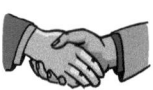

zdravo

Tere!

tumač

tõlk

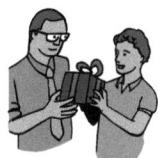

hvala

Aitäh!

Koliko košta...?

Kui palju maksab ...?

Ne razumijem

Ma ei saa aru

problem

probleem

dobro veče!

Tere õhtust!

Dobro jutro!

Tere hommikust!

Laku noć!

Head ööd!

doviđenja

Head aega!

smjer

suund

prtljag

pagas

torba

kott

ruksak

seljakott

gost

külaline

soba

tuba

vreća za spavanje

magamiskott

šator

telk

turističke informacije

turismiinfo

plaža

rand

kreditna kartica

krediitkaart

doručak

hommikusöök

ručak

lõunasöök

večera

õhtusöök

putna karta

pilet

lift

lift

poštanska markica

postmark

granica

riigipiir

carina

toll

ambasada

saatkond

viza

viisa

pasoš

pass

transport
transport

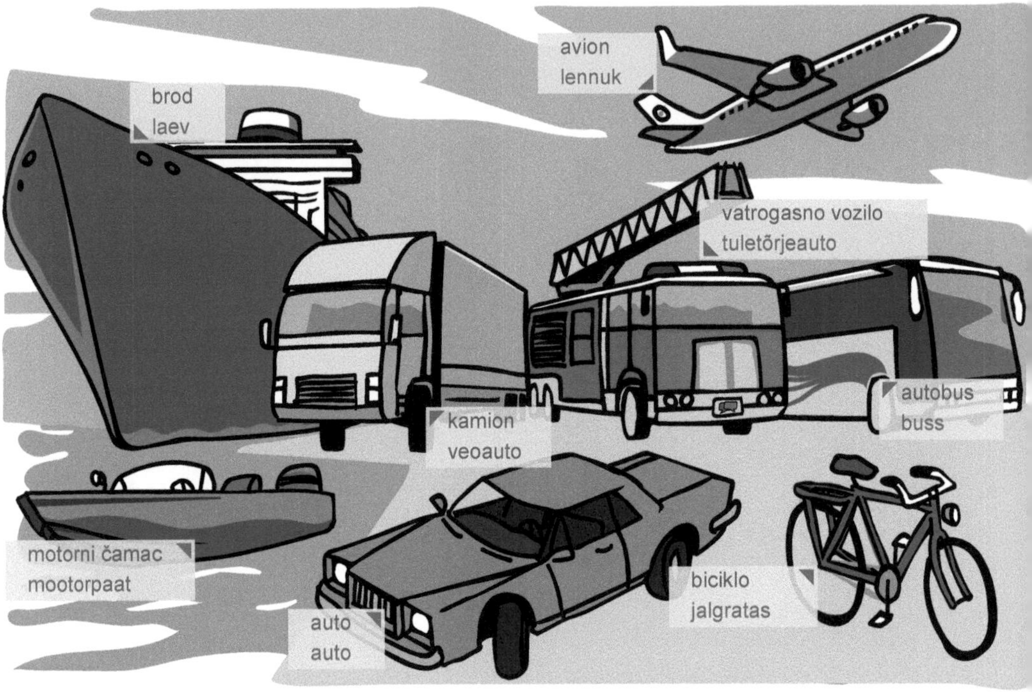

avion
lennuk
brod
laev
vatrogasno vozilo
tuletõrjeauto
kamion
veoauto
autobus
buss
motorni čamac
mootorpaat
biciklo
jalgratas
auto
auto

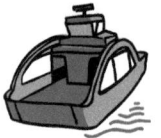

trajekt
praam

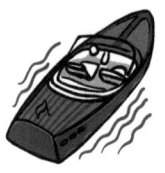

brod
paat

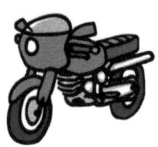

motocikl
mootorratas

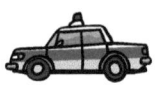

policijski automobil
politseiauto

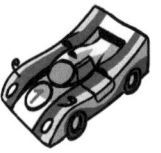

trkaći automobil
võidusõiduauto

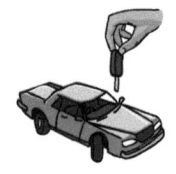

unajmljeni automobil
rendiauto

kar-šering

ühisauto

pauk

puksiirauto

smećarsko vozilo

prügiauto

motor

mootor

gorivo

kütus

benzinska pumpa

tankla

saobraćajni znak

liiklusmärk

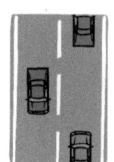

saobraćaj

liiklus

zastoj

liiklusummik

parking

parkla

željeznička stanica

raudteejaam

šine

rööpad

voz

rong

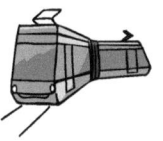

tramvaj

tramm

vagon

vagun

helikopter

helikopter

aerodrom

lennujaam

toranj

torn

putnik

reisija

kontejner

konteiner

karton

pappkast

tačke

käru

korpa

korv

poletjeti / sletjeti

õhku tõusma / maanduma

grad

linn

selo

küla

centar grada

kesklinn

kuća

maja

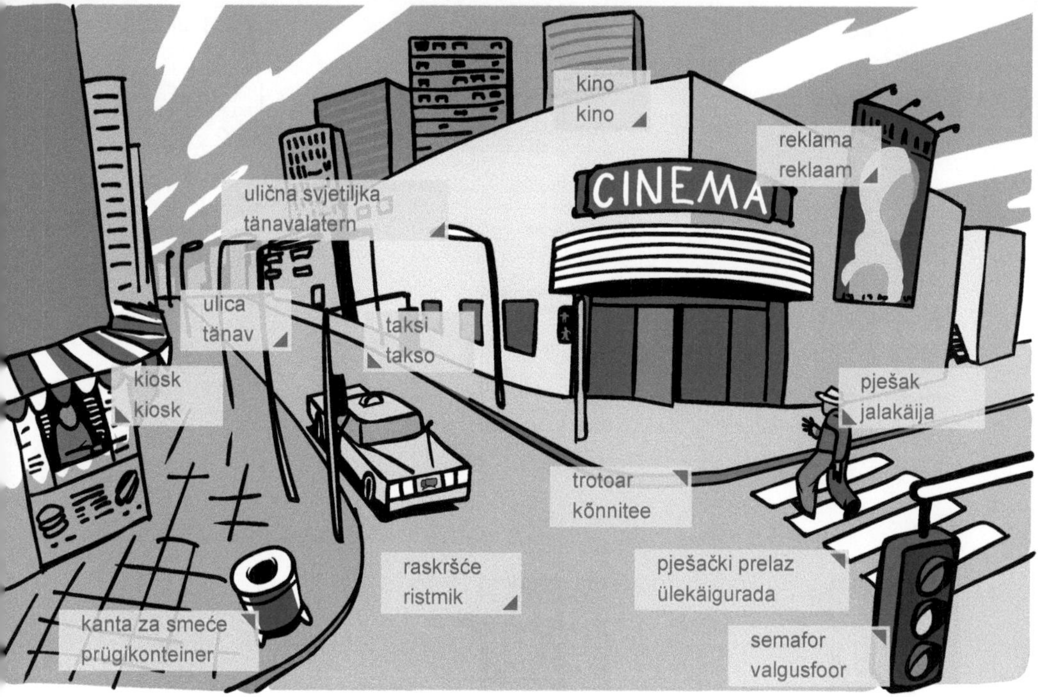

kino
kino

reklama
reklaam

ulična svjetiljka
tänavalatern

CINEMA

ulica
tänav

taksi
takso

pješak
jalakäija

kiosk
kiosk

trotoar
kõnnitee

raskršće
ristmik

pješački prelaz
ülekäigurada

kanta za smeće
prügikonteiner

semafor
valgusfoor

koliba
osmik

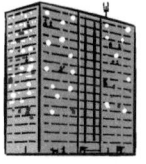

stan
kortermaja

željeznička stanica
raudteejaam

vjećnica
raekoda

muzej
muuseum

škola
kool

univerzitet

ülikool

banka

pank

bolnica

haigla

hotel

hotell

apoteka

apteek

ured

kontor

knjižara

raamatupood

radnja

kauplus

cvjećara

lillepood

supermarket

supermarket

pijaca

turg

robna kuća

kaubamaja

prodavač ribe

kalapood

trgovački centar

kaubanduskeskus

luka

sadam

park
park

klupa
pink

most
sild

stepenice
trepp

podzemna željeznica
metroo

tunel
tunnel

autobuska stanica
bussipeatus

bar
baar

restoran
restoran

poštanski sandučić
postkast

saobraćajni znak
tänavasilt

sat za naplatu parkinga
parkimisautomaat

zoološki vrt
loomaaed

bazen
ujula

džamija
mošee

seosko imanje

talu

zagađenje okoline

reostus

groblje

surnuaed

crkva

kirik

igralište

mänguväljak

hram

tempel

krajolik

maastik

list
leht

putokaz
teeviit

putokaz
tee

livada
aas

kamen
kivi

drvo
puu

putnik
matkaja

rijeka
jõgi

trava
rohi

cvijet
lill

dolina

org

brdo

mägi

jezero

järv

šuma

mets

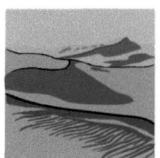

pustinja

kõrb

vulkan

vulkaan

dvorac

linnus

duga

vikerkaar

gljiva

seen

palma

palm

komarac

sääsk

muha

kärbes

mrav

sipelgas

pčela

mesilane

pauk

ämblik

krajolik - maastik

buba

mardikas

žaba

konn

vjeverica

orav

jež

siil

zec

jänes

sova

öökull

ptica

lind

labud

luik

divlja svinja

metssiga

jelen

hirv

los

põder

brana

pais

vjetrenjača

tuuleturbiin

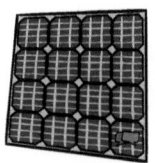

solarni modul

päikesepaneel

klima

kliima

restoran

restoran

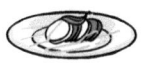

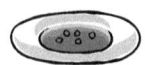

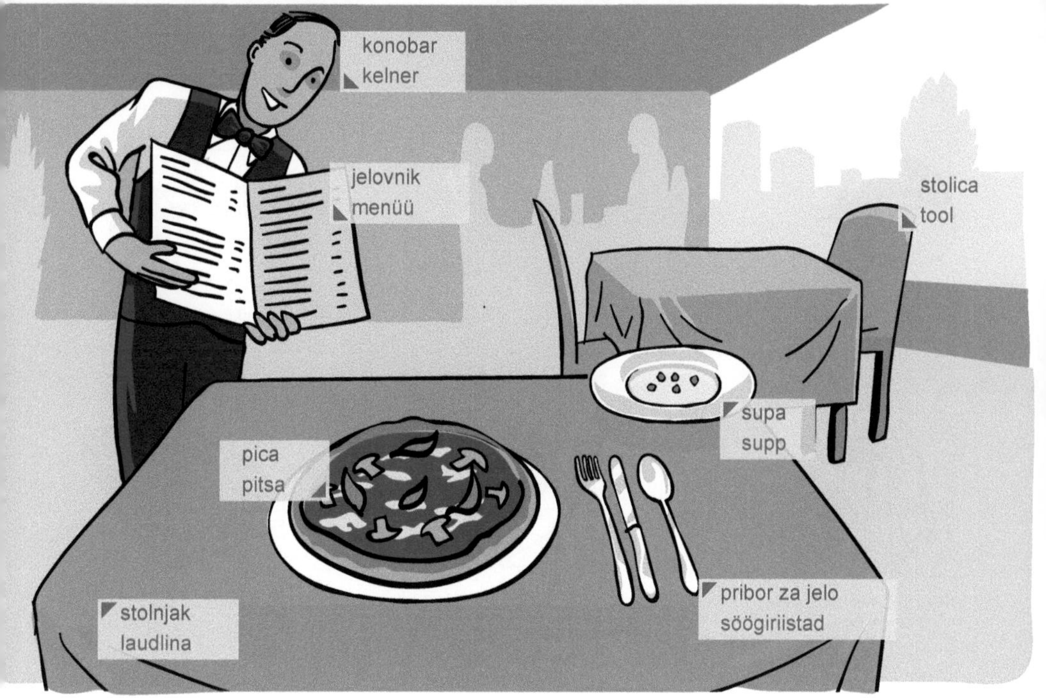
konobar
kelner
jelovnik
menüü
stolica
tool
supa
supp
pica
pitsa
stolnjak
laudlina
pribor za jelo
söögiriistad

predjelo

eelroog

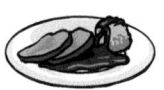

glavno jelo

pearoog

desert

magustoit

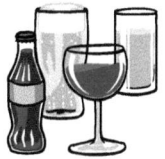

piće

joogid

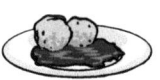

jelo

toit

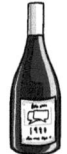

flaša

pudel

brza hrana

kiirtoit

jelo sa ulice

tänavatoit

čajnik

teekann

šećernica

suhkrutoos

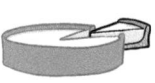

porcija

portsjon

mašina za espreso

espressomasin

barska stolica

lastetool

račun

arve

tacna

kandik

nož

nuga

viljuška

kahvel

kašika

lusikas

kašičica

teelusikas

salveta

salvrätik

čaša

klaas

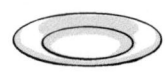

tanjir

taldrik

tanjir za supu

supitaldrik

tanjurić

alustass

sos

kaste

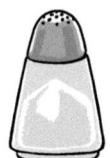

solanik

soolatoos

mlin za biber

pipraveski

sirće

äädikas

ulje

õli

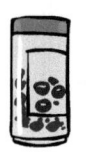

začini

vürtsid

kečap

ketšup

senf

sinep

majoneza

majonees

supermarket
supermarket

ponuda
eripakkumine
FOR
klijent
klient
mliječni proizvodi
piimatooted
voće
puuviljad
kolica za kupovinu
ostukäru

BUTCHERS

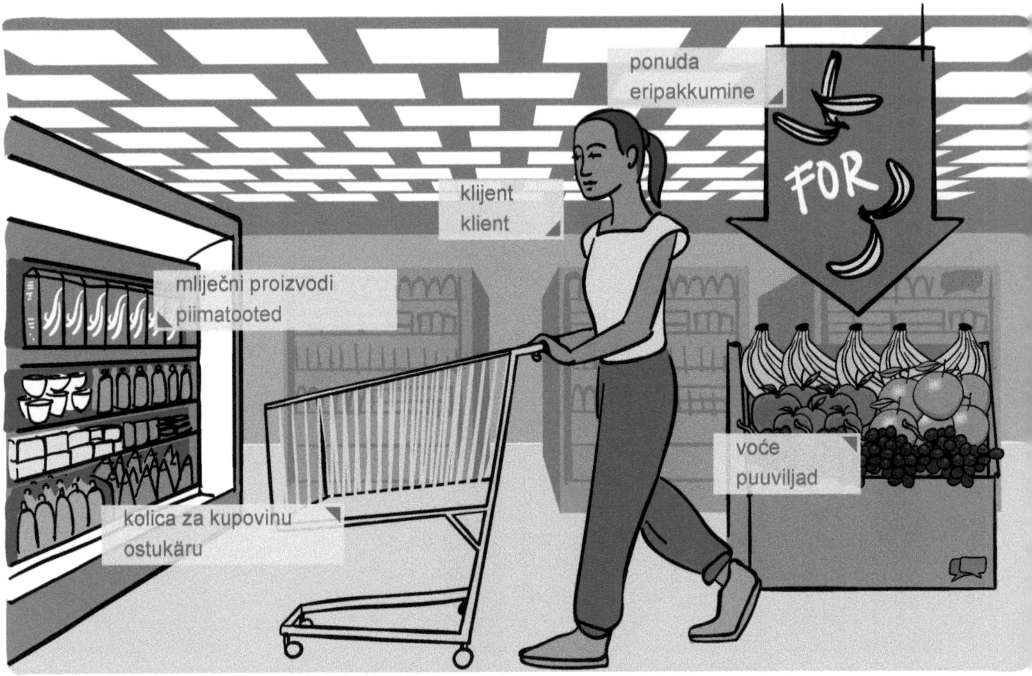

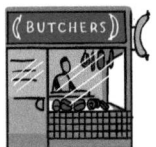

mesnica- klaonica

lihapood

BAKERY

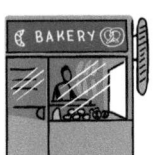

pekara

pagariäri

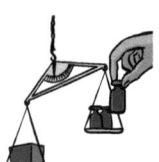

vagati

kaaluma

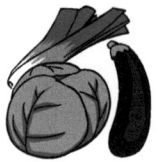

povrće

köögiviljad

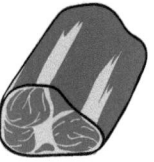

meso

liha

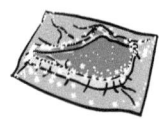

zaleđena hrana

külmutatud toit

narezak

lihalõigud

konzerve

konservid

prašak za veš

pesupulber

slatkiši

maiustused

kućanski proizvodi

majatarbed

sredstvo za čišćenje

puhastustooted

prodavačica

müüja

kasa

kassaaparaat

blagajnik

kassapidaja

lista za kupovinu

ostunimekiri

radno vrijeme

lahtiolekuajad

novčanik

rahakott

kreditna kartica

krediitkaart

torba

kott

najlonska vrećica

kilekott

voda

vesi

sok

mahl

mlijeko

piim

kola

koola

vino

vein

pivo

õlu

alkohol

alkohol

kakao

kakao

čaj

tee

kafa

kohv

espreso

espresso

kapućino

cappuccino

banana
banaan

jabuka
õun

narandža
apelsin

lubenica
arbuus

limun
sidrun

mrkva
porgand

bijeli luk
küüslauk

bambus
bambus

crveni luk
sibul

gljiva
seen

orašasti plodovi
pähklid

pasta
nuudlid

špagete

spagetid

riža

riis

salata

salat

pomfrit

friikartulid

pečeni krompir

praekartulid

pica

pitsa

hamburger

hamburger

sendvič

võileib

šnicla

šnitsel

šunka

sink

kobasica

salaami

kobasica

vorst

kokoš

kana

pečenje

praeliha

riba

kala

zobene pahuljice	muzli	kornfleks
kaerahelbed	müsli	maisihelbed

brašno	kroason	zemičke
jahu	sarvesai	kukkel

kruh	tost	keksi
leib	röstsai	küpsised

maslac	svježi sir	kolač
või	kohupiim	kook
		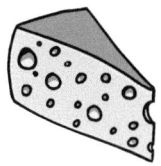
jaje	jaje na oko	sir
muna	praemuna	juust

sladoled
jäätis

šećer
suhkur

med
mesi

marmelada
moos

nugat krema
pähklivõie

kuri
karri

seosko imanje
talu

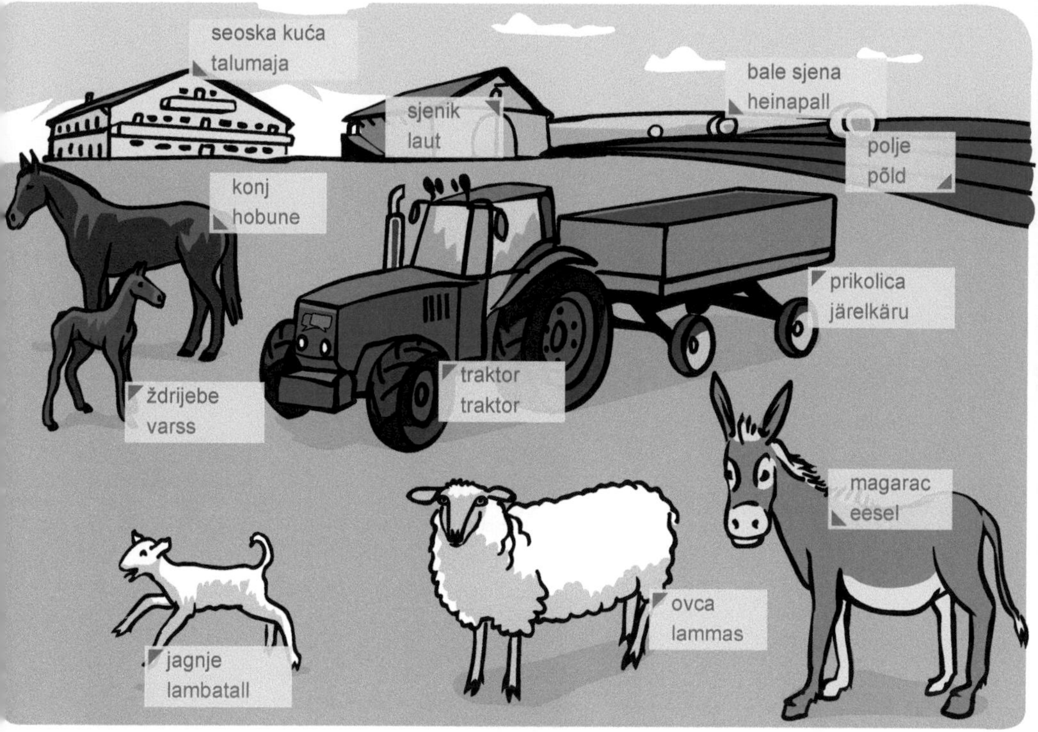
seoska kuća
talumaja
sjenik
laut
bale sjena
heinapall
polje
põld
konj
hobune
prikolica
järelkäru
traktor
traktor
ždrijebe
varss
magarac
eesel
ovca
lammas
jagnje
lambatall

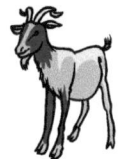

koza
kits

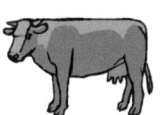

krava
lehm

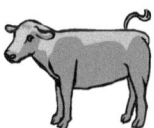

tele
vasikas

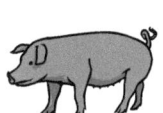

svinja
siga

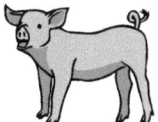

prase
põrsas

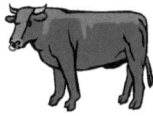

bik
pull

guska

hani

patka

part

pile

tibu

kokoška

kana

pjetao

kukk

pacov

rott

mačka

kass

miš

hiir

vol

härg

pas

koer

pseća kućica

koerakuut

crijevo za baštu

aiavoolik

kanta za zalijevanje

kastekann

kosa

vikat

plug

ader

srp
sirp

motika
kõblas

vile
hang

sjekira
kirves

tačke
käru

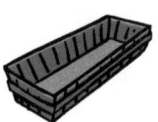

korito
küna

bokal za mlijeko
piimanõu

vreća
kott

ograda
tara

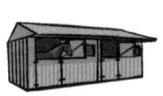

štala
tall

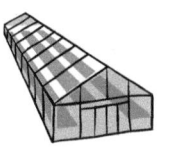

staklenik
kasvuhoone

tlo
muld

sjeme
seeme

đubrivo
väetis

kombajn
kombain

kositi
saaki koristama

žetva
saagikoristus

jam korijen
jamss

pšenica
nisu

soja
soja

krompir
kartul

kukuruz
mais

uljana repica
raps

drvo voća
viljapuu

manioka
maniokk

žito
teravili

kuća
maja

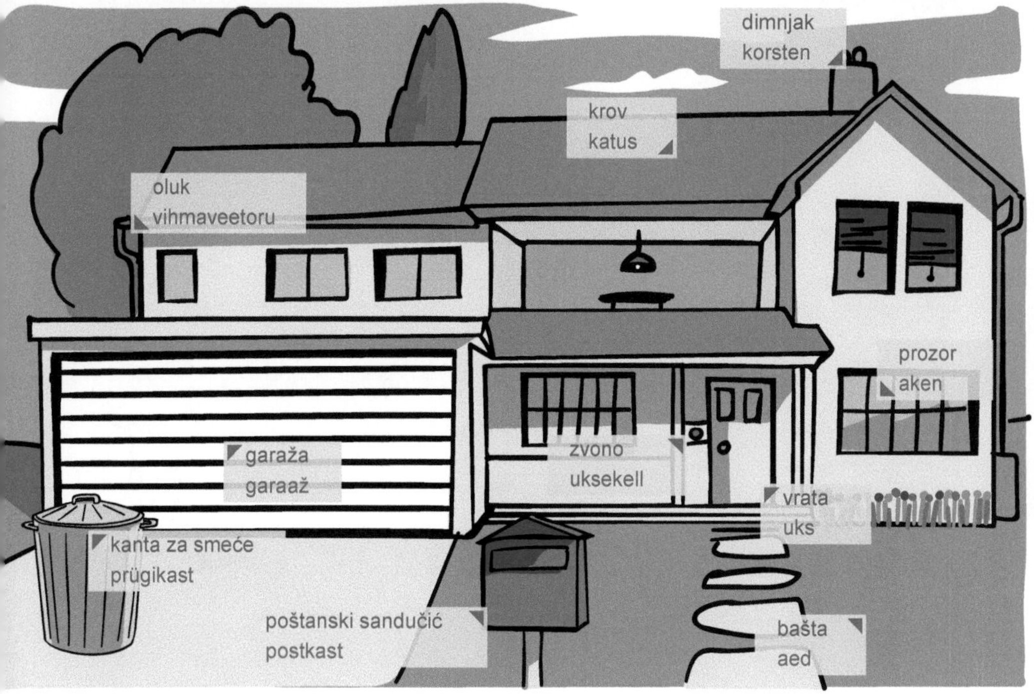
dimnjak
korsten
krov
katus
oluk
vihmaveetoru
prozor
aken
garaža
garaaž
zvono
uksekell
vrata
uks
kanta za smeće
prügikast
poštanski sandučić
postkast
bašta
aed

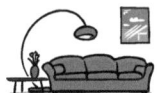

dnevni boravak

elutuba

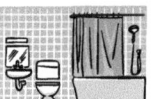

kupatilo

vannituba

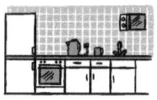

kuhinja

köök

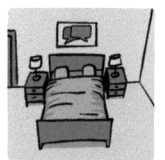

spavaća soba

magamistuba

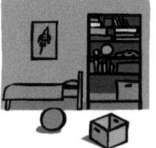

dječija soba

lastetuba

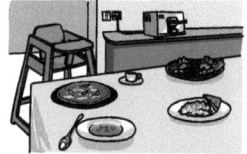

trpezarija

söögituba

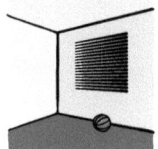

pod, tlo
põrand

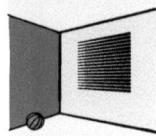

zid
sein

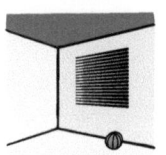

plafon
lagi

podrum
kelder

sauna
saun

balkon
rõdu

terasa
terrass

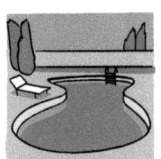

bazen
bassein

kosilica
muruniiduk

posteljina
voodilina

pokrivač
päevatekk

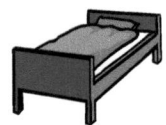

krevet
voodi

metla
luud

kanta
ämber

prekidač
lüliti

tapeta
tapeet

fotografija
pilt

lampa
lamp

polica
riiul

ormar
kapp

dimnjak
kamin

televizija
televiisor

cvijet
lill

jastuk
padi

kauč
diivan

vaza
vaas

daljinski upravljač
kaugjuhtimispult

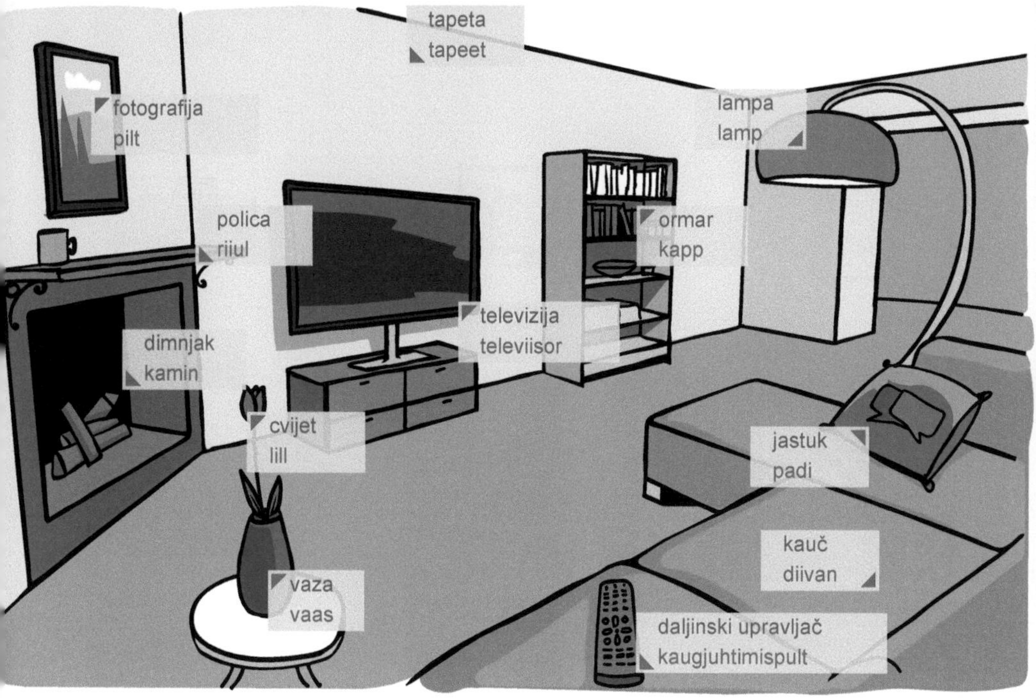

	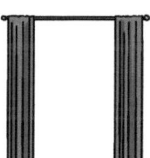	
tepih vaip	zavjesa kardin	stol laud

stolica tool	stolica za ljuljanje kiiktool	fotelja tugitool

knjiga
raamat

deka
tekk

dekoracija
kaunistus

ložno drvo
küttepuud

film
film

stereo uređaj
helisüsteem

ključ
võti

novine
ajaleht

umjetnička slika
maal

poster
plakat

radio
raadio

blok za bilješke
märkmik

usisavač
tolmuimeja

kaktus
kaktus

svijeća
küünal

kuhinja
köök

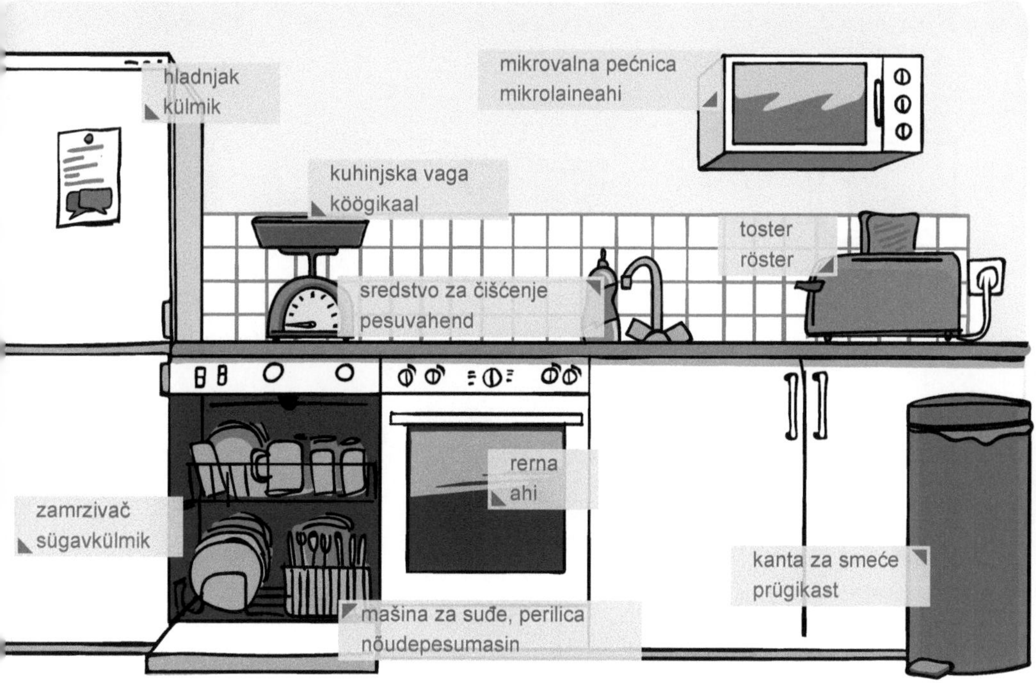
hladnjak
külmik
mikrovalna pećnica
mikrolaineahi
kuhinjska vaga
köögikaal
toster
röster
sredstvo za čišćenje
pesuvahend
rerna
ahi
zamrzivač
sügavkülmik
kanta za smeće
prügikast
mašina za suđe, perilica
nõudepesumasin

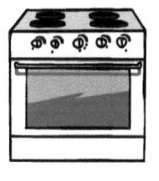

peć

pliit

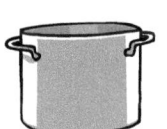

lonac

pott

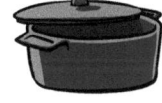

metalni lonac

malmpott

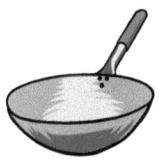

vok / kadai

vokkpann

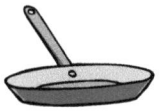

tava, tiganj

pann

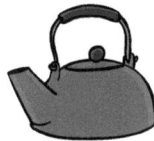

kuhalo

veekeetja

aparat za kuhanje na pari
aurutaja

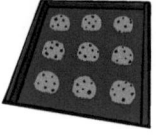

lim za pečenje
küpsetusplaat

posuđe
lauanõud

šalica
kruus

činija
kauss

kineski štapići
söögipulgad

kutlača
kulp

lopatica
pannilabidas

metlica za snijeg bjelanjca
vispel

sito za kuhanje
kurn

sito
sõel

ribež
riiv

avan s tučkom
uhmer

roštilj
grill

ložište
lahtine tuli

daska

lõikelaud

oklagija

tainarull

vadičep

korgitser

konzerva

konservipurk

otvarač za konzerve

konserviavaja

krpe za lonac

pajakinnas

sudoper

kraanikauss

četka

hari

spužva

pesukäsn

mikser

kannmikser

zamrzivač

sügavkülmuti

flašica za bebu

lutipudel

slavina

segisti

kuhinja - köök

kupatilo
vannituba

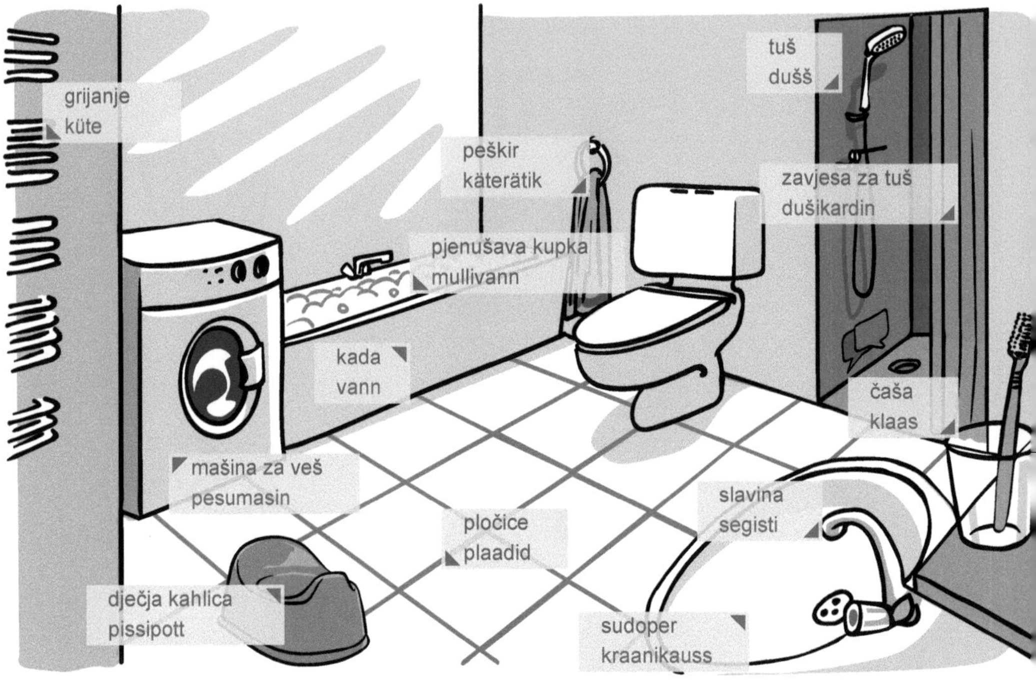

grijanje
küte

tuš
dušš

peškir
käterätik

zavjesa za tuš
dušikardin

pjenušava kupka
mullivann

kada
vann

čaša
klaas

mašina za veš
pesumasin

slavina
segisti

pločice
plaadid

dječja kahlica
pissipott

sudoper
kraanikauss

toalet

WC-pott

čučavac

kükitamistualett

bide

bidee

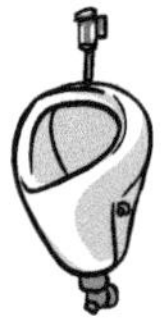

pisoar

pissuaar

toalet papir

tualettpaber

četka za wc

WC-hari

četkica za zube

hambahari

pasta za zube

hambapasta

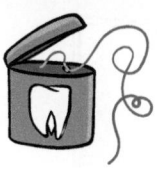

zubni konac

hambaniit

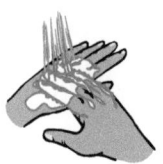

prati

pesema

tuš

käsidušš

intimni tuš

intiimdušš

lavor

pesukauss

četka za leđa

seljahari

sapun

seep

gel za tuširanje

dušigeel

šampon

šampoon

krpe za pranje

vamm

odvod

äravool

krema

kreem

dezodorans

deodorant

ogledalo

peegel

ogledalo za šminkanje

käsipeegel

brijač

habemenuga

pjena za brijanje

raseerimisvaht

vodica poslije brijanja

habemevesi

češalj

kamm

četka

hari

fen

föön

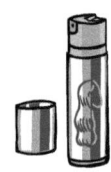

sprej za kosu

juukselakk

puder

meigikomplekt

karmin

huulepulk

lak za nokte

küünelakk

vata

vatt

makazice za nokte

küünekäärid

parfem

parfüüm

kozmetička torbica

tualett-tarvete kott

hoklica

taburet

vaga

kaal

kupaći ogrtač

hommikumantel

rukavice za čišćenje

kummikindad

tampon

tampoon

uložak za dame

hügieeniside

hemijski toalet

keemiline tualett

dječija soba

lastetuba

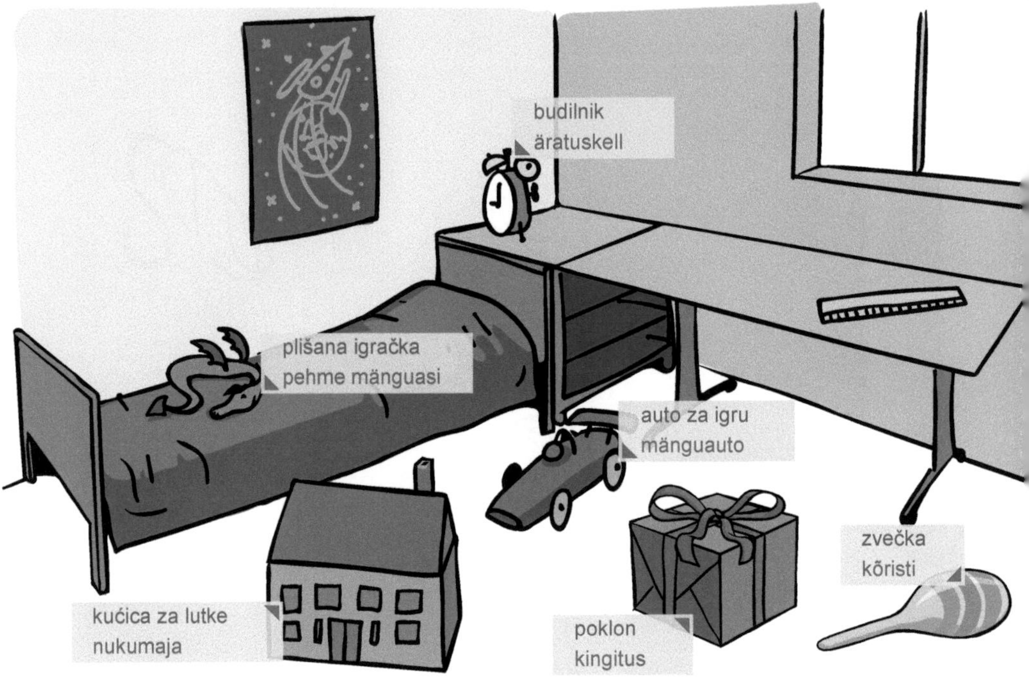

budilnik
äratuskell
plišana igračka
pehme mänguasi
auto za igru
mänguauto
zvečka
kõristi
kućica za lutke
nukumaja
poklon
kingitus

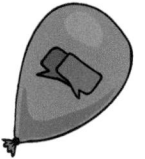

balon
õhupall

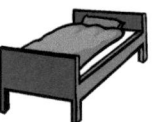

krevet
voodi

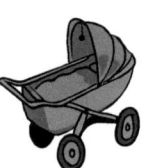

kolica za djecu
lapsevanker

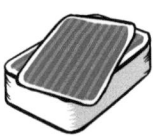

karte za igranje
kaardipakk

puzle
pusle

SUPER
MEGA

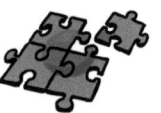

strip
koomiks

lego kockice

Lego klotsid

kockice za gradnju

klotsid

akcione figure

kujuke

benkica

siputuspüksid

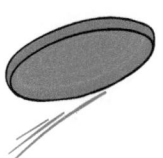

frizbi

lendav taldrik

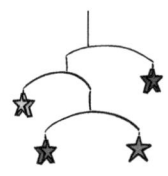

mobile

voodikarussell

igra na ploči

lauamäng

kocka

täringud

miniatura željeznice

mudelrong

cucla

lutt

zabava

pidu

slikovnica

pildiraamat

lopta

pall

lutka

nukk

igrati

mängima

pješćanik

liivakast

ljuljačka

kiik

igračke

mänguasjad

konzola za igru

mängukonsool

triciklo

kolmerattaline jalgratas

medvjedić

mängukaru

ormar

riidekapp

odjeća

riietus

kratke čarape

sokid

čarape

sukad

hulahopke

sukkpüksid

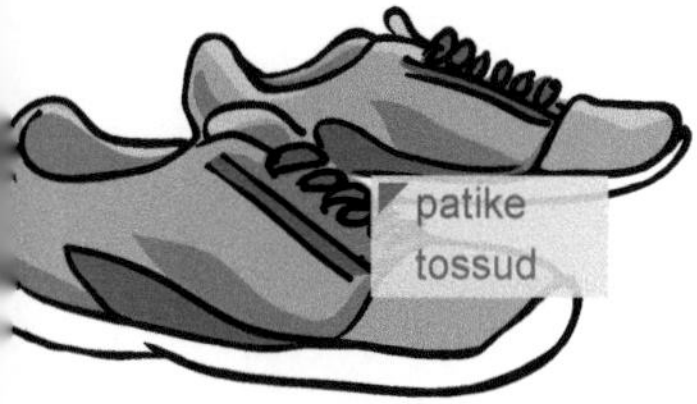

šal
sall

kišobran
vihmavari

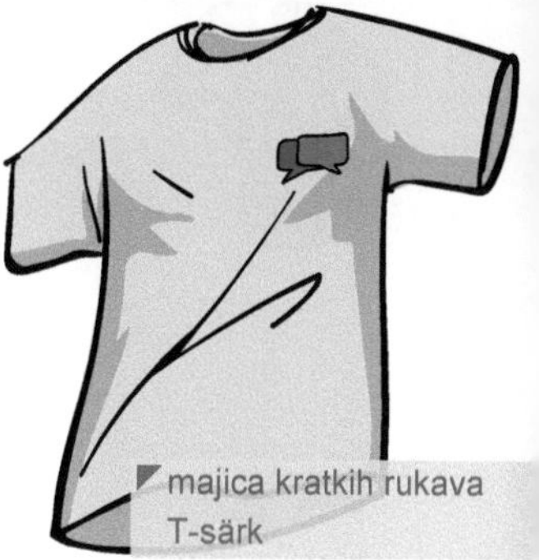

kaiš
vöö

majica kratkih rukava
T-särk

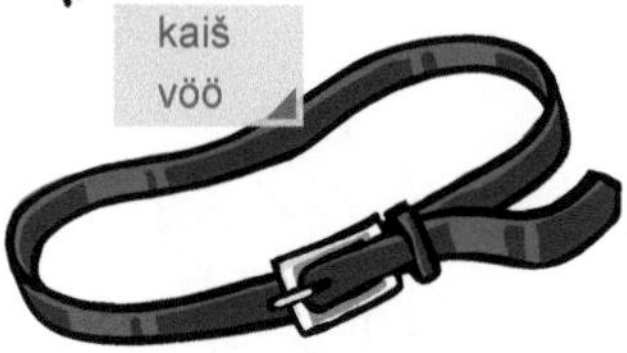

čizme
saapad

papuče
sussid

patike
tossud

sandale
....
sandaalid

cipele
....
jalatsid

gumene čizme
....
kummikud

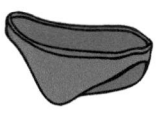

gaće
....
aluspüksid

grudnjak
....
rinnahoidja

potkošulja
....
vest

bodi
bodi

hlače
püksid

farmerke
teksapüksid

suknja
seelik

bluza
pluus

košulja
särk

džemper
sviiter

majica
dressipluus

sako
bleiser

jakna
jakk

mantil
mantel

kišni mantil
vihmamantel

kostim
kostüüm

haljina
kleit

vjenčanica
pulmakleit

odijelo

ülikond

spavaćica

öösärk

pidžama

pidžaama

sari

sari

marama

pearätt

turban

turban

burka

burka

kaftan

kaftan

abaja

abayah

kupaći kostim

ujumistrikoo

kupaće gaće

ujumispüksid

kratke hlače

lühikesed püksid

trenerka

dressid

pregača

põll

rukavice

kindad

dugme

nööp

naočare

prillid

narukvica

käevõru

ogrlica

kaelakee

prsten

sõrmus

naušnica

kõrvarõngas

kapa

nokamüts

vješalica

riidepuu

šešir

kaabu

kravata

lips

patentni zatvarač

tõmblukk

kaciga

kiiver

tregeri za hlače

traksid

školska uniforma

koolivorm

uniforma

vormirõivad

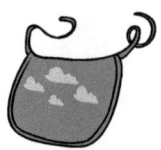

podbradak

pudipõll

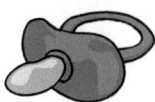

cucla

lutt

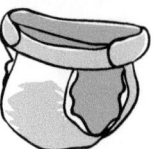

pelene

mähe

ured

kontor

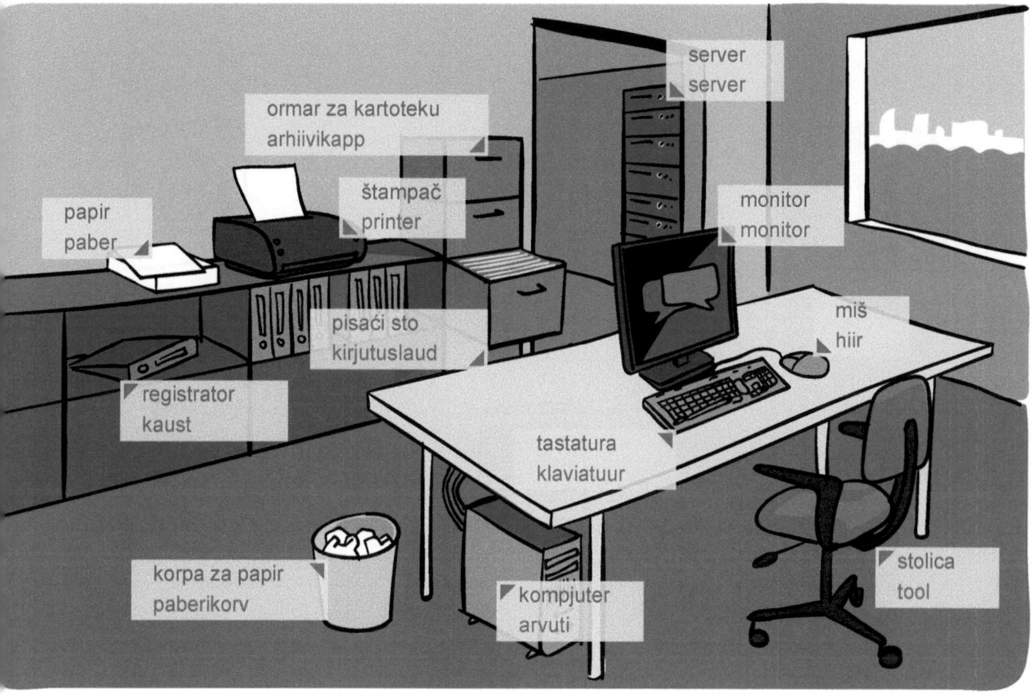
server
server
ormar za kartoteku
arhiivikapp
štampač
printer
papir
paber
monitor
monitor
miš
hiir
pisaći sto
kirjutuslaud
registrator
kaust
tastatura
klaviatuur
korpa za papir
paberikorv
kompjuter
arvuti
stolica
tool

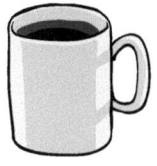

šolja za kafu

kohvikruus

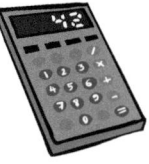

kalkulator

kalkulaator

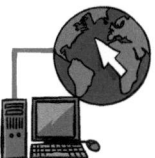

internet

internet

laptop

sülearvuti

pismo

kiri

poruka

sõnum

mobilni telefon

mobiiltelefon

mreža

võrk

aparat za kopiranje

koopiamasin

softver

tarkvara

telefon

telefon

utičnica

pistikupesa

faks

faksimasin

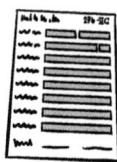

formular

vorm

dokument

dokument

kupovati

ostma

platiti

maksma

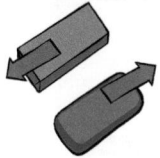

trgovati

vahetama

novac

raha

dolar

dollar

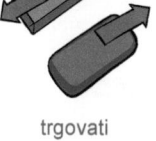 

euro

euro

jen

jeen

rublja

rubla

franak

Šveitsi frank

renminbi jen

renminbi jüaan

rupi

ruupia

bankomat

sularahaautomaat

mjenjačnica

valuutavahetuspunkt

zlato

kuld

srebro

hõbe

nafta

nafta

energija

energia

cijena

hind

ugovor

leping

porez

maks

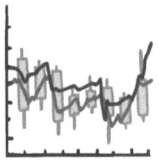

akcija

aktsia

raditi

töötama

službenik

töötaja

poslodavac

tööandja

fabrika

tehas

radnja

kauplus

policajac
politseinik

vatrogasac
tuletõrjuja

kuhar
kokk

ljekar
arst

pilot
piloot

baštovan

aednik

stolar

puusepp

krojačica

õmbleja

sudija

kohtunik

hemičar

keemik

glumac

näitleja

vozač autobusa

bussijuht

vozač taksija

taksojuht

ribar

kalamees

čistačica

koristaja

krovopokrivač

katusepaigaldaja

konobar

kelner

lovac

jahimees

moler

maaler

pekar

pagar

električar

elektrik

građevinski radnik

ehitaja

inženjer

insener

koljač

lihunik

limar, vodoinstalater

torumees

poštar

postiljon

vojnik

sõdur

arhitekta

arhitekt

blagajnik

kassapidaja

cvjećar

lillemüüja

frizer

juuksur

kontrolor

piletikontrolör

mehaničar

mehaanik

kapiten

kapten

zubar

hambaarst

naučnik

teadlane

rabin

rabi

imam

imaam

monah

munk

sveštenik

preester

alat
tööriistad

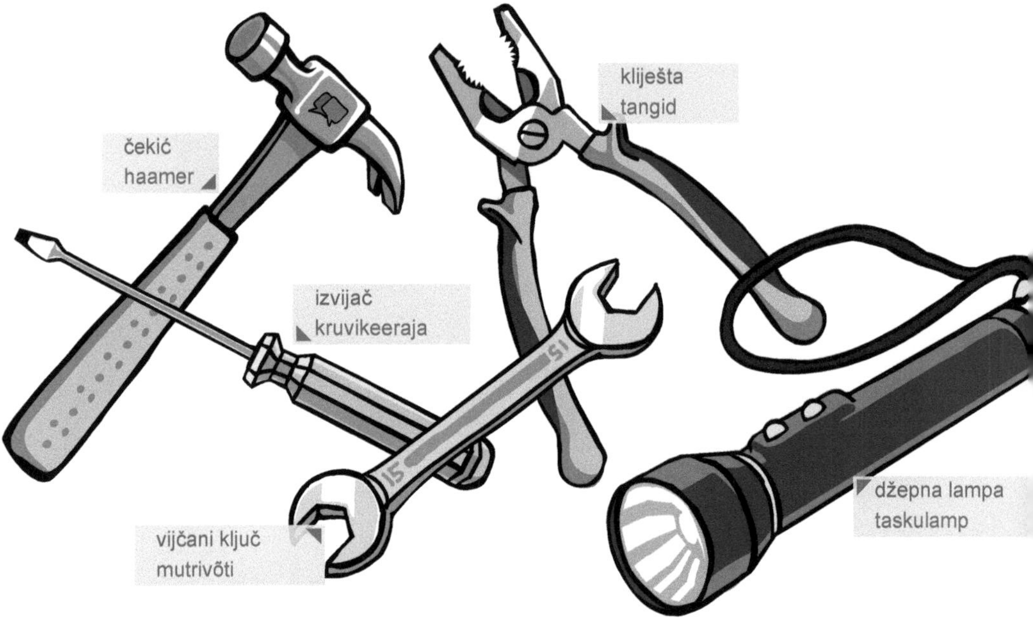
čekić
haamer
kliješta
tangid
izvijač
kruvikeeraja
vijčani ključ
mutrivõti
džepna lampa
taskulamp

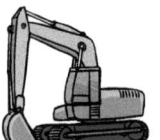

bager

ekskavaator

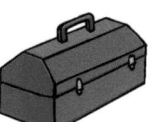

kutija sa alatom

tööriistakast

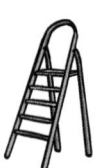

ljestve

redel

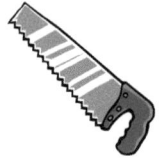

testera, pila

saag

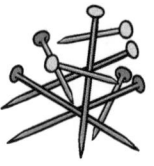

ekser

naelad

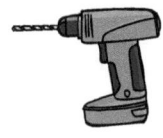

bušilica

trell

popraviti

parandama

lopata

labidas

sranje!

Põrgusse!

lopatica

kühvel

kanta boje

värvipott

vijak

kruvid

muzički instrumenti
pillid

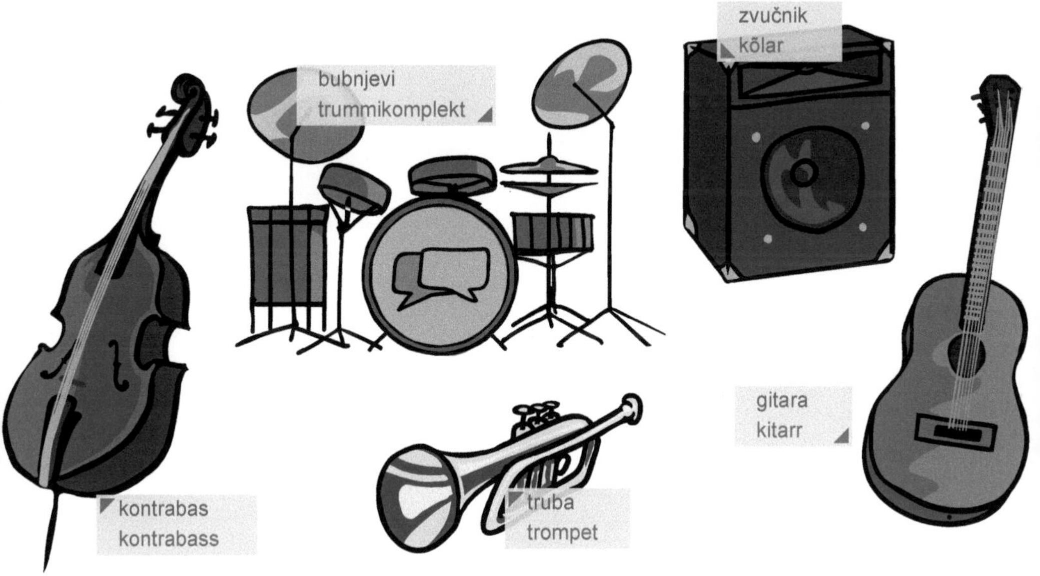

zvučnik
kõlar

bubnjevi
trummikomplekt

gitara
kitarr

kontrabas
kontrabass

truba
trompet

klavir

klaver

violina

viiul

bas

bass

bubanj timpani

timpan

bubanj

trummid

sintisajzer

süntesaator

saksofon

saksofon

flauta

flööt

mikrofon

mikrofon

zološki vrt
loomaaed

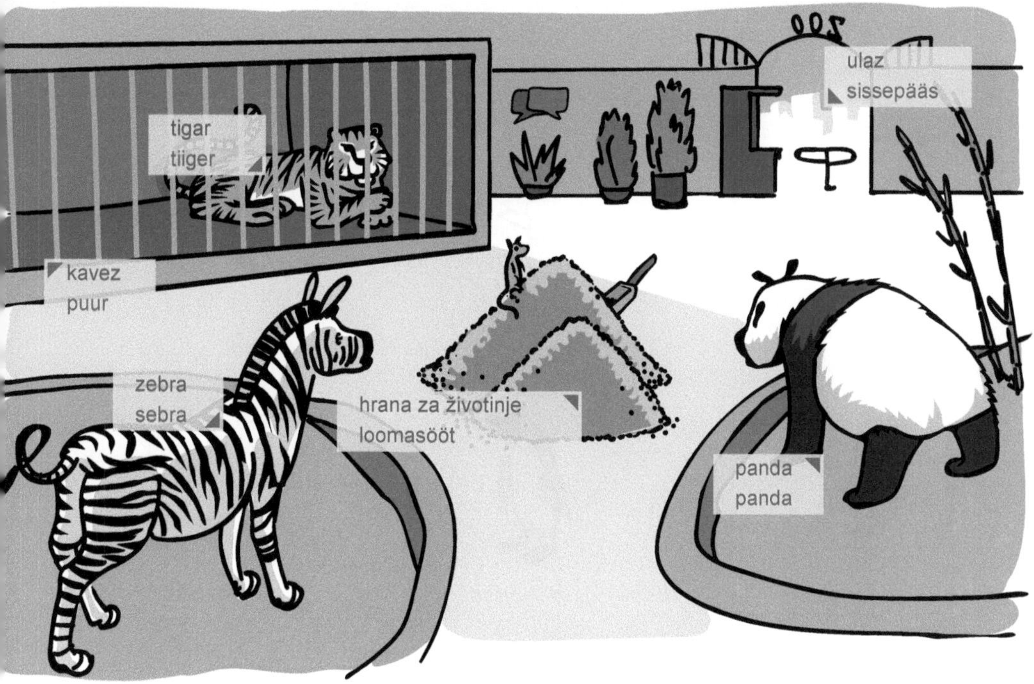

ulaz
sissepääs
tigar
tiiger
kavez
puur
zebra
sebra
hrana za životinje
loomasööt
panda
panda

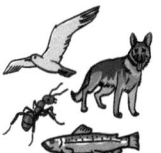

životinje

loomad

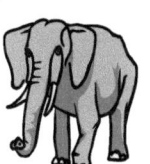

slon

elevant

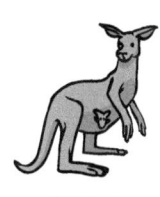

kengur

känguru

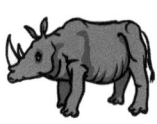

nosorog

ninasarvik

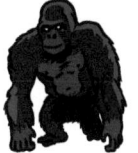

gorila

gorilla

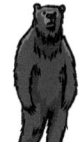

medvjed

karu

kamila

kaamel

noj

jaanalind

lav

lõvi

majmun

ahv

flamingo

flamingo

papagaj

papagoi

polarni medvjed

jääkaru

pingvin

pingviin

morski pas

hai

paun

paabulind

zmija

madu

krokodil

krokodill

čuvar u zološkom vrtu

loomaaiatalitaja

tuljan

hüljes

jaguar

jaaguar

poni

poni

leopard

leopard

nilski konj

jõehobu

žirafa

kaelkirjak

orao

kotkas

divlja svinja

metssiga

riba

kala

kornjača

kilpkonn

morž

morsk

lisica

rebane

gazela

gasell

američki fudbal
Ameerika jalgpall

vožnja bicikla
jalgrattasõit

tenis
tennis

košarka
korvpall

plivanje
ujumine

boks
poksimine

hokej na ledu
jäähoki

fudbal

jalgpall

bedminton

sulgpall

laka atletika

kergejõustik

rukomet

käsipall

skijanje

suusatamine

polo

polo

aktivnosti
tegevused

smijati se
naerma
skakati
hüppama
zagrliti
kallistama
ići
jalutama
pjevati
laulma
sanjati
unistama
moliti
palvetama
ljubiti
suudlema

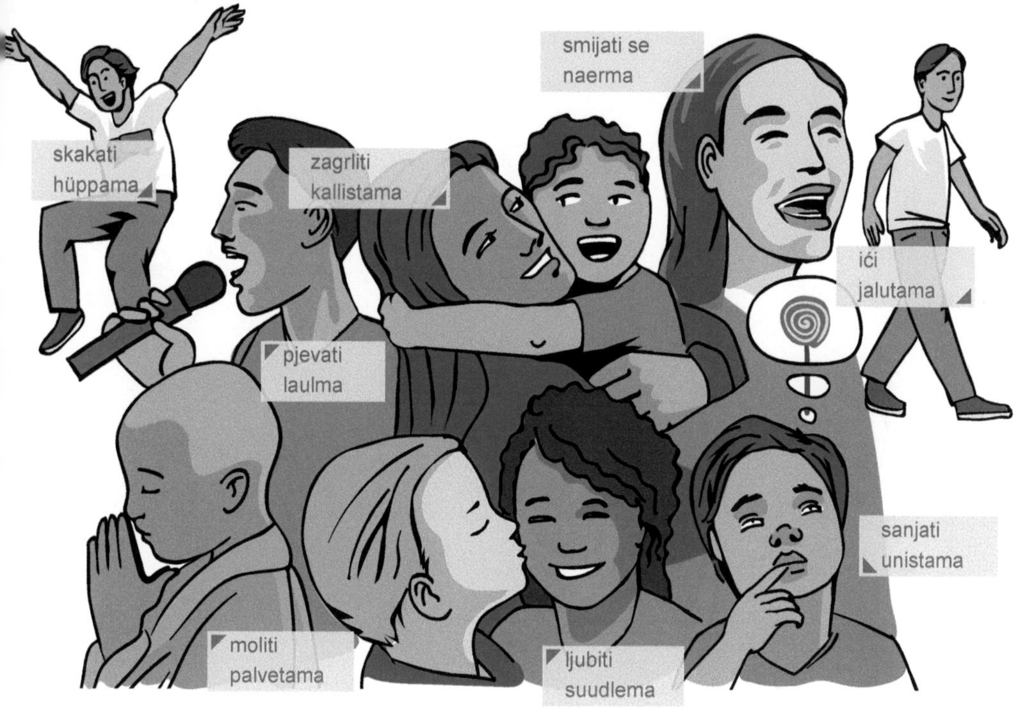

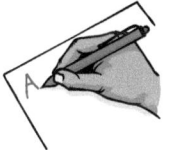

pisati

kirjutama

crtati

joonistama

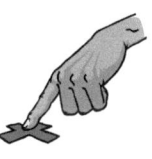

pokazati

näitama

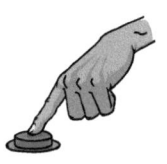

gurati

lükkama

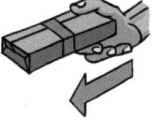

dati

andma

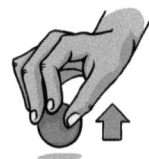

uzeti

võtma

imati
omama

raditi
tegema

biti
olema

stajati
seisma

trčati
jooksma

vući
tõmbama

baciti
viskama

pasti
kukkuma

ležati
lamama

čekati
ootama

nositi
kandma

sjediti
istuma

obući
riidesse panema

spavati
magama

probuditi
ärkama

pogledati

vaatama

plakati

nutma

milovati

paitama

češljati

kammima

govoriti

rääkima

razumjeti

aru saama

pitati

küsima

slušati

kuulama

piti

jooma

jesti

sööma

pospremiti

korrastama

voljeti

armastama

kuhati

süüa tegema

voziti

sõitma

letjeti

lendama

jedriti

purjetama

računati

arvutama

čitati

lugema

učiti

õppima

raditi

töötama

vjenčavti

abielluma

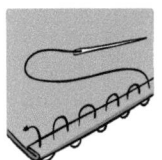

šiti

õmblema

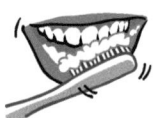

prati zube

hambaid pesema

ubiti

tapma

pušiti

suitsetama

slati

saatma

baka
vanaema

djed
vanaisa

otac
isa

majka
ema

beba
imik

kćerka
tütar

sin
poeg

gost

külaline

ujna, tetka, strina

tädi

ujak, tetak, stric

onu

brat

vend

sestra

õde

tijelo

keha

čelo
otsmik
oko
silm
leđa
õlg
prst
sõrm
lice
nägu
brada
lõug
ruka, šaka
käsi
noga
jalg
grudi
rind
ruka
käsivars

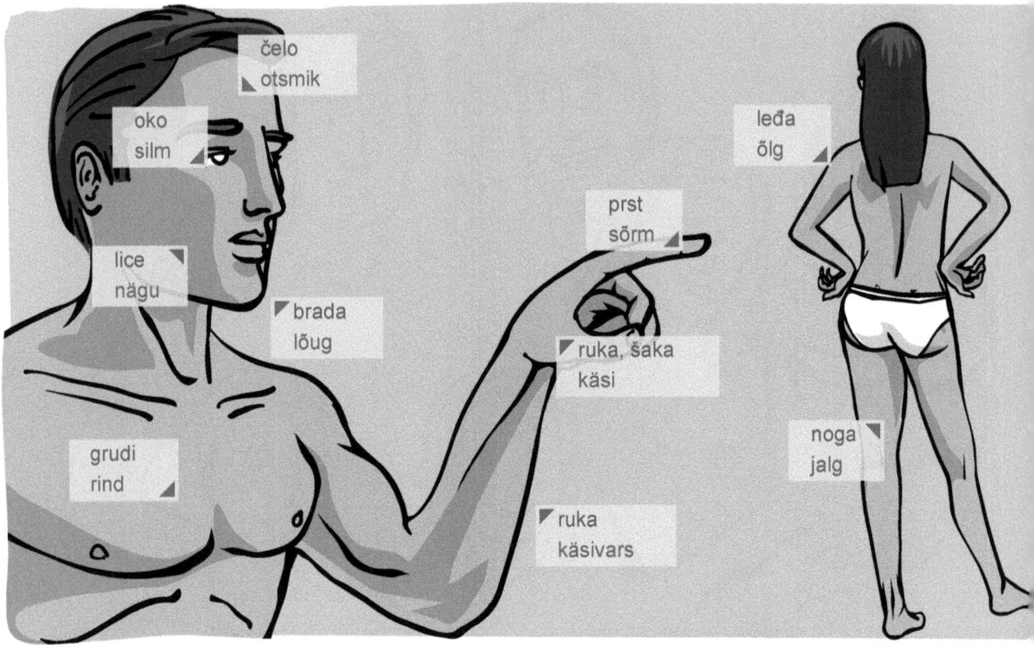

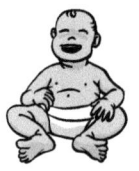

beba

imik

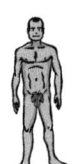

muškarac

mees

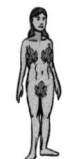

žena

naine

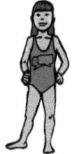

djevojčica

tüdruk

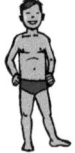

dječak

poiss

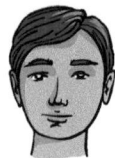

glava

pea

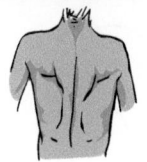

leđa

selg

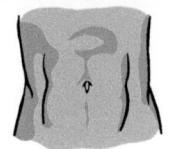

stomak

kõht

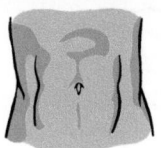

pupak

naba

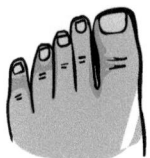

nožni prst

varvas

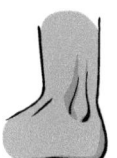

peta

kand

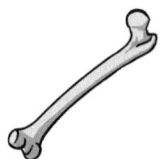

kosti

luu

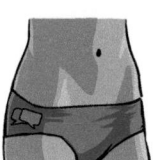

kuk

puus

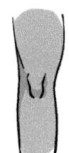

koljeno

põlv

lakat

küünarnukk

nos

nina

stražnjica

tagumik

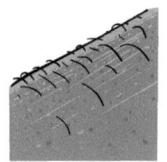

koža

nahk

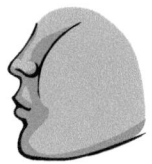

obraz

põsk

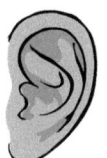

uho

kõrv

usna

huuled

usta
suu

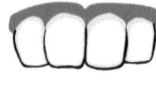

zub
hammas

jezik
keel

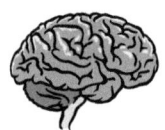

mozak
aju

srce
süda

mišić
lihas

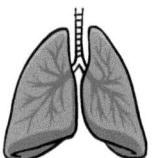

pluća
kops

jetra
maks

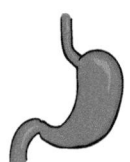

želudac
magu

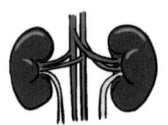

bubreg
neerud

spolni odnos
seksuaalvahekord

kondom
kondoom

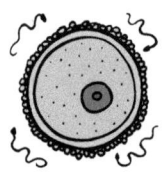

jajna ćelija
munarakk

sperma
sperma

trudnoća
rasedus

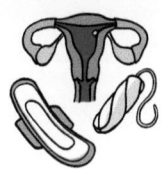

menstruacija

menstruatsioon

vagina

vagiina

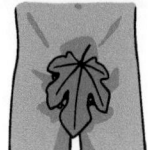

penis

peenis

obrva

kulm

kosa

juuksed

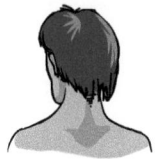

vrat

kael

bolnica
haigla

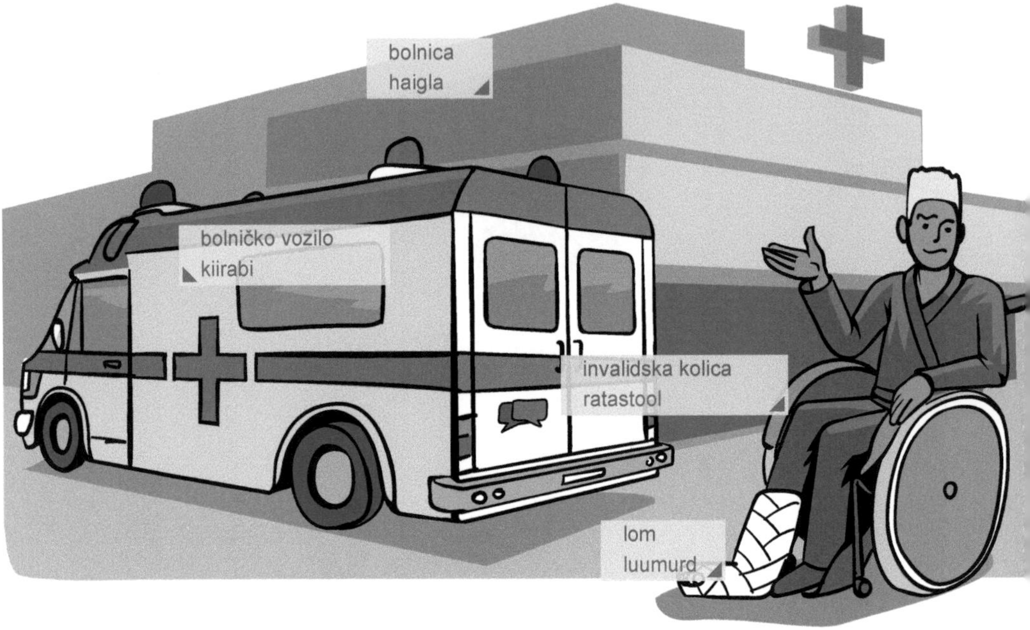

bolnica
haigla
bolničko vozilo
kiirabi
invalidska kolica
ratastool
lom
luumurd

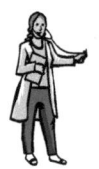

ljekar

arst

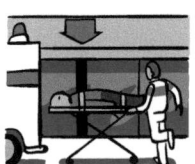

hitna služba

traumapunkt

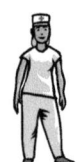

medicinska sestra

meditsiiniõde

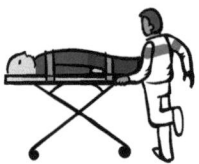

hitna pomoć

hädaolukord

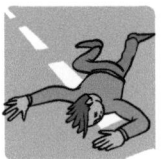

nesvjest

teadvuseta

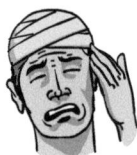

bol

valu

povreda

vigastus

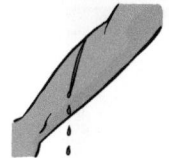

krvarenje

verejooks

srčani udar, infarkt

südamerabandus

moždani udar

insult

alergija

allergia

kašalj

köha

groznica

palavik

gripa

gripp

proljev

kõhulahtisus

glavobolja

peavalu

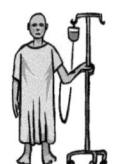

rak

vähk

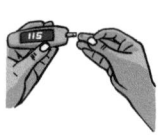

dijabetes

diabeet

hirurg

kirurg

skalpel

skalpell

operacija

operatsioon

CT
KT

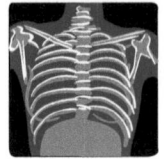

rendgen
röntgen

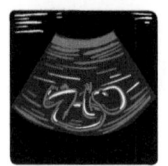

ultrazvuk
ultraheli

maska
mask

bolest
haigus

čekaonica
ooteruum

štake
kark

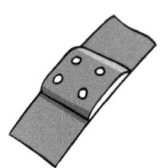

flaster
kips

zavoj
side

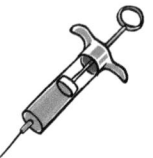

injekcija
süst

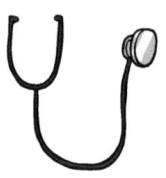

stetoskop
stetoskoop

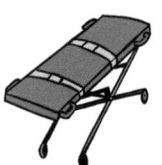

nosilo
kanderaam

termometar
kraadiklaas

porod
sünd

prekomjerna težina, debljina
ülekaaluline

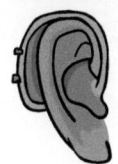

slušni aparat

kuuldeaparaat

sredstvo za dezinfekciju

desinfektsioonivahend

infekcija

põletik

virus

viirus

HIV/ AIDS

HIV / AIDS

medicina

meditsiin

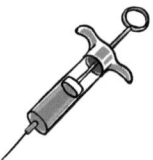

vakcinacija

vaktsineerimine

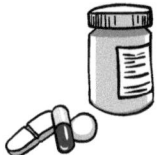

tablete

tabletid

pilula

pill

hitni poziv

hädaabikõne

aparat za mjerenje pritiska

vererõhuaparaat

bolestan / zdrav

haige / terve

Upomoć!

Appi!

alarm

häire

napad, prepad

kallaletung

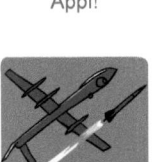

napad

rünnak

opasnost

oht

izlaz u slučaju opasnosti

avariiväljapääs

Požar!

Tulekahju!

vatrogasni aparat

tulekustuti

nezgoda

õnnetus

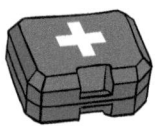

torba prve pomoći

esmaabikomplekt

SOS

SOS

policija

politsei

Europa

Euroopa

Sjeverna Amerika

Põhja-Ameerika

Južna Amerika

Lõuna-Ameerika

Afrika

Aafrika

Azija

Aasia

Australija

Austraalia

Atlantik

Atlandi ookean

Pacifik

Vaikne ookean

Indijski okean

India ookean

Antarktički okean

Lõuna-Jäämeri

Arktički okean

Põhja-Jäämeri

Sjeverni pol

põhjapoolus

Južni pol

Iõunapoolus

Antarktik

Antarktika

Zemlja

Maa

zemlja

maismaa

more

meri

ostrvo

saar

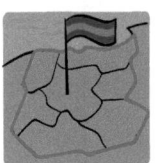

nacija

rahvus

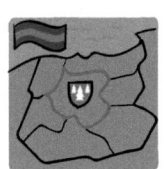

država

riik

brojčanik sata

sihverplaat

kazaljka sata

tunniosuti

kazaljka minute

minutiosuti

kazaljka sekunde

sekundiosuti

Koliko je sati?

Mis kell on?

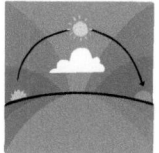

dan

päev

vrijeme

aeg

sada

praegu

digitalni sat

digitaalne kell

minuta

minut

sat

tund

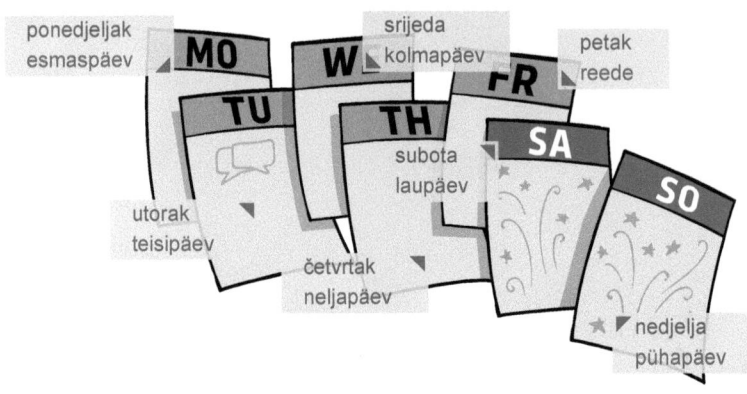

ponedjeljak
esmaspäev

srijeda
kolmapäev

petak
reede

utorak
teisipäev

subota
laupäev

četvrtak
neljapäev

nedjelja
pühapäev

juče

eile

danas

täna

sutra

homme

jutro

hommik

podne

lõuna

veče

õhtu

MO	TU	WE	TH	FR	SA	SU
1	2	3	4	5	6	7
8	9	10	11	12	13	14
15	16	17	18	19	20	21
22	23	24	25	26	27	28
29	30	31	1	2	3	4

radni dani

tööpäevad

MO	TU	WE	TH	FR	SA	SU
1	2	3	4	5	6	7
8	9	10	11	12	13	14
15	16	17	18	19	20	21
22	23	24	25	26	27	28
29	30	31	1	2	3	4

vikend

nädalavahetus

godina
aasta

kiša
vihm
duga
vikerkaar
snijeg
lumi
vjetar
tuul
proljeće
kevad
jesen
sügis
ljeto
suvi
zima
talv

4.APRIL 11°
5.APRIL 4°
6.APRIL 13°
7.APRIL 8°
8.APRIL 10°

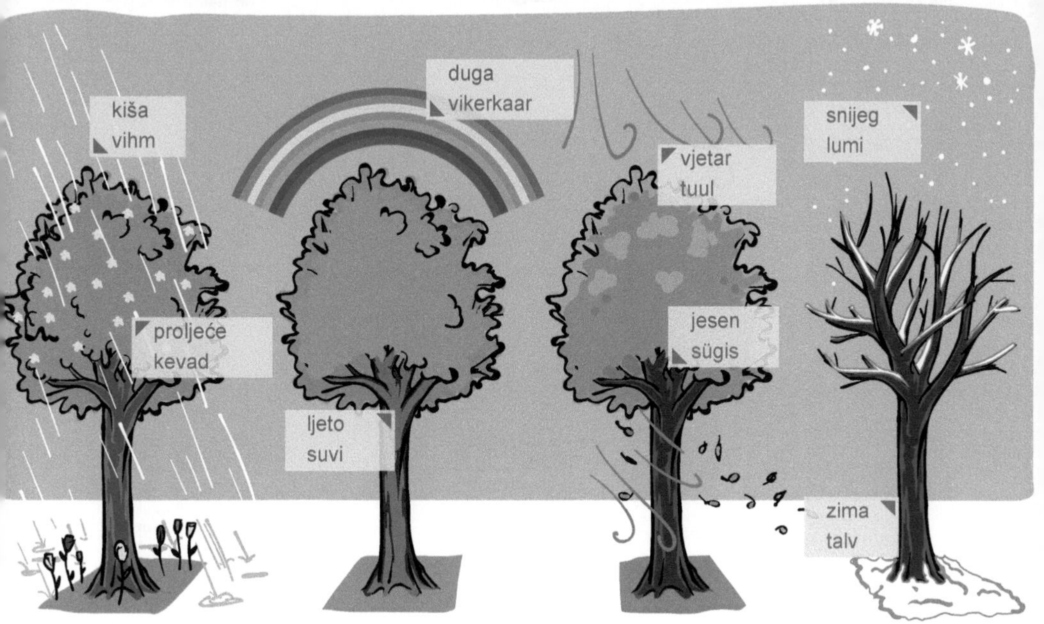

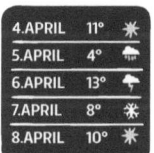

prognoza vremena

ilmaennustus

F C
120 40
90 30
60 20
30 10
0 0
-30 -10
-20

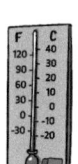

termometar

termomeeter

sunčev sjaj

päikesepaiste

oblak

pilv

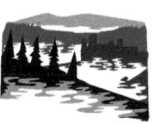

magla

udu

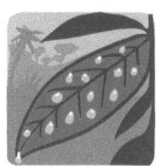

vlažnost vazduha

niiskus

munja

pikne

grom

kõu

oluja

torm

tuča, led

rahe

monsun

mussoon

poplava

üleujutus

led

jää

januar

jaanuar

februar

veebruar

mart

märts

april

aprill

maj

mai

juni

juuni

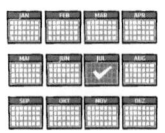

juli

juuli

avgust

august

septembar

september

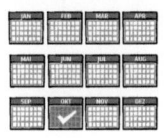

oktobar

oktoober

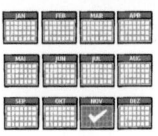

novembar

november

decembar

detsember

oblici
kujundid

krug

ring

kvadrat

ruut

pravougao

nelinurk

trougao

kolmnurk

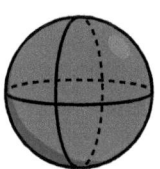

kugla

kera

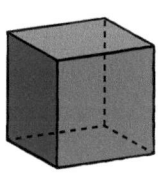

kocka

kuup

bjel

valge

žut

kollane

narandžast

oranž

pink

roosa

crven

punane

ljubičast

lilla

plav

sinine

zelen

roheline

smeđ

pruun

siv

hall

crn

must

malo / mnogo

palju / vähe

ljutit / miran

vihane / rahulik

lijep / ružan

ilus / inetu

početak / kraj

algus / lõpp

veliki / mali

suur / väike

svijetlo / tamno

hele / tume

brat / sestra

vend / õde

čist / prljav

puhas / must

potpun / nepotpun

täielik / puudulik

dan / noć

päev / öö

mrtav / živ

surnud / elus

široko / usko

lai / kitsas

ukusno / neukusno

söödav / mittesöödav

zao / prijatan

kuri / sõbralik

uzbuđen / dosadan

põnevil / tüdinud

debeo / mršav

paks / peenike

najprije / najkasnije

esimene / viimane

prijatelj / neprijatelj

sõber / vaenlane

pun / prazan

täis / tühi

trvd / mekan

kõva / pehme

težak / lagan

raske / kerge

glad / žeđ

nälg / janu

bolestan / zdrav

haige / terve

ilegalan / legalan

ebaseaduslik / seaduslik

inteligentan / glup

tark / rumal

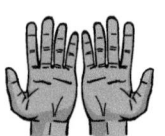

lijevo / desno

vasak / parem

blizu / daleko

lähedal / kaugel

nov / polovan

uus / kasutatud

ništa / nešto

mitte midagi / midagi

star / mlad

vana / noor

uključeno / isključeno

sees / väljas

otvoreno / zatvoreno

lahti / kinni

tiho / glasno

vaikne / vali

bogat / siromašan

rikas / vaene

tačno / pogrešno

õige / vale

hrapav / glatak

kare / sile

tužan / srećan

kurb / rõõmus

kratak / dug

lühike / pikk

spor / brz

aeglane / kiire

mokro / suho

märg / kuiv

toplo / hladno

soe / jahe

rat / mir

sõda / rahu

0

nula

null

1

jedan

üks

2

dva

kaks

3

tri

kolm

4

četiri

neli

5

pet

viis

6

šest

kuus

7

sedam

seitse

8

osam

kaheksa

9

devet

üheksa

10

deset

kümme

11

jedanaest

üksteist

12	**13**	**14**
dvanaest	trinaest	četrnaest
kaksteist	kolmteist	neliteist

15	**16**	**17**
petnaest	šesnaest	sedamnaest
viisteist	kuusteist	seitseteist

18	**19**	**20**
osamnaest	devetnaest	dvadeset
kaheksateist	üheksateist	kakskümmend

100	**1.000**	**1.000.000**
sto	hiljada	milion
sada	tuhat	miljon

engleski

inglise

američki engleski

Ameerika inglise

kinesko mandarinski

mandariini

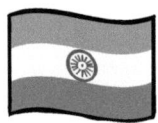

hindi

hindi

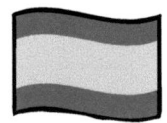

španski

hispaania

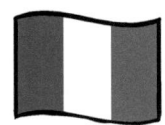

francuski

prantsuse

arapski

araabia

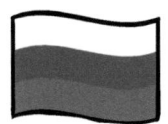

ruski

vene

portugalski

portugali

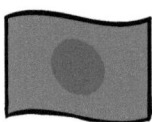

bengalski

bengali

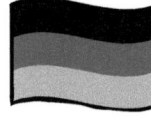

njemački

saksa

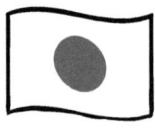

japanski

jaapani

ja
mina

ti
sina

on / ona / ono
tema

mi
meie

vi
teie

oni
nemad

ko?
kes?

šta?
mis?

kako?
kuidas?

gdje?
kus?

kada?
millal?

ime
nimi

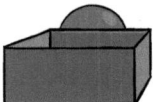

iza

taga

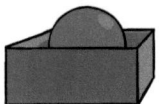

u

sees

pred

ees

iznad

kohal

na

peal

ispod

all

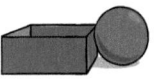

pored

kõrval

između

vahel

mjesto

koht